ABU FAISAL SERGIO TAPIA
ESSAI POLITIQUE, VII

BAJO EL CIELO DEL GENOCIDIO DE RUANDA

"Más de 800.000 victimas
330 asesinatos cada hora
5 asesinatos cada minuto"

A LAS VOCES INOCENTES
DE RUANDA 1994

Cuando las bestias sedientas de
sangre arrasan un pueblo, ante los
ojos de la impunidad de las potencias
hegemónicas colonialistas, que solo
buscan el robo de las riquezas de los
pueblos, ante el genocidio más grande
desde la II Guerra Mundial.

CONTENIDO

AGRADECIMIENTOS
a los que buscan la verdad en
medio de la muerte

I

RUANDA 1994

Este ensayo político nace de la invitación que me hace la delegación de las Naciones Unidas en Colombia para escribir un artículo para su revista, sobre la Reflexión sobre el Genocidio cometido en Ruanda en 1994, donde las potencias colonialistas europeas son las culpables históricas de este odio étnico en el corazón de África, para dividir y robar las riquezas y recursos de las naciones del continente, creando guerras internas, caos, criminales y victimas, y donde se realizan matanzas ante los ojos del primer mundo, que deja a su suerte a cientos de familias en pleno genocidio, donde por ejemplo los cascos azules belgas de las ONU en Ruanda huyen, condenando a muerte a los ruandeses, donde todos sabían que el genocidio venia, la ONU, Bélgica, Francia, Estados Unidos…todos en silencio…a quien le importa la muerte de los niños africanos, a punta de machetazos?

"¿Ya has matado a un tutsi?" Fue una consigna escuchada de manera reiterada durante aproximadamente 100 días, entre el 7 de abril y julio de 1994, cuando se cumplió el genocidio de Ruanda, pero también lo que se oculta oficialmente la masacre de hutus, la continuación del genocidio, a beneficio de los intereses de las transnacionales que responden al primer violador de los derechos humanos de la humanidad.

Por eso, el 7 de abril de cada año se celebra el Día Internacional de Reflexión sobre el genocidio cometido en Ruanda, en homenaje a los 300 mil niños ruandeses y otras 700 mil personas asesinadas en el país africano.

Los tutsis y los hutus opositores al genocidio fueron objeto de una serie de ataques y matanzas a manos de los grupos paramilitares Interahamwe, entrenados por el racismo colonialista europeo.

Los asesinatos de una escala masiva de hombres, mujeres y niños desarmados ocurrieron especialmente en Kigali, Gitarama, Butare y Kibuye.

Las mujeres tutsis y hutus fueron violadas por miembros de Interahamwe, gendarmes, soldados y civiles en varios lugares del pais.

II

LA MATANZA

La matanza comenzó el 7 de abril de 1994, un día después de que un avión en que viajaban los presidentes de Ruanda y Burundi fue derribado por un misil cuando se alistaba a aterrizar en Kigali, la capital ruandesa.

Esta matanza sistemática de hombres, mujeres y niños se perpetró a plena vista y paciencia de la comunidad internacional.

Se cometieron atrocidades sin nombre en las que participaron no sólo las milicias paramilitares y las fuerzas armadas, sino también civiles en grupos matando a sus propios vecinos, familiares y amigos.

"Washington en busca de los yacimientos de oro, diamantes y coltán, modificar el tablero a sus intereses imperialistas, hay que barrer Ruanda, que comience la carnicería contra la inocencia de los hijos de África"

"Washington y Londres
rechazaron el envió de cascos
azules para detener
lo que sabían que venía,
todo estaba planeado, para ser
ejecutado...
ejecutar la muerte a gran escala"

III

EL GENOCIDIO

El genocidio fue organizado por los
servicios de inteligencia de Occidente
que diseñaron todos los escenarios
posibles para que desemboque en un
genocidio realizado por altos
funcionarios del Gobierno y
dirigentes del partido en el poder y
por las guerrillas apoyadas,
entrenadas y financiadas por
Washington entre otros actores
internacionales.
Diversos medios de información que
preconizaban el odio también
contribuyeron a que se condonara la
matanza y se participara en ella.

Por consiguiente, los principales asesinos no fueron turbas sin rostro, sino individuos fáciles de identificar que pueden llevarse ante la justicia para luchar contra la impunidad por sus crímenes de lesa humanidad y genocidio, pero donde la historia oficial, oculta la continuación de los crímenes y el rol cómplice genocida de las potencias imperialistas y colonialista, responsables de la matanzas de tutsis y hutus.

El Día Internacional de Reflexión sobre el genocidio cometido en Ruanda, según la Resolución 58/234 de la Asamblea General de las Naciones Unidas, es una oportunidad para recordar que los caminos de la violencia, el odio y la muerte generan inmensos dolores y heridas en el futuro y presente de nuestra sociedad, especialmente en la infancia.

"La Central de Inteligencia Americana CIA enviaba su Dossier Clasificado al Departamento de Estado señalando de grupos paramilitares de la etnia hutu se estaban armando para lanzar la limpieza étnica en Ruanda contra los tutsis pero también contra los hutus que no se alinean al poder ruandés, nadie dijo nada en Washington, tampoco en Londres y menos en Bruselas"

IV

UN POCO DE HISTORIA

En el transcurso de las últimas décadas, se han producido violentos enfrentamientos internos en Ruanda, entre ellos los más visibles han sido los combates entre los tutsis y hutus, alentados por los intereses económicos de las potencias occidentales.

La población de Ruanda está conformada por los hutu, que son mayoría (85% de la población) y los tutsi, que son minoría (15% de la población) y todos hablan una lengua común, KinyaRwanda.

"Uganda la base del plan de guerra de Washington, recibe 190 millones de dólares en los años 90, armas y asesores de la CIA para la puesta en escena del FPR, crear el caos a cualquier costo, objetivo los recursos naturales de la zona de los Grandes Lagos, Ruanda, Congo... Esta ayuda equivalía al total de la ayuda de Estados Unidos a Uganda durante los últimos 27 años. Por cierto los organismos internacionales financieros otorgan más de 1.500 millones de dólares a Uganda en el marco del desarrollo de la nación africana, al desarrollo de lanzar operaciones militares al servicio del Occidente blanco, manchado de sangre de los pueblos del tercer mundo"

A través de los años, los unos y los otros han establecido organizaciones políticas y armadas propias, pero la matanza fue precisamente contra los tutsis y hutus, por los paramilitares hutus y por las guerrillas de los tutsis entrenadas por Washington en la continuación del genocidio.

Sin embargo, la línea divisoria étnica -tradicionalmente cruzada por medio de amistades y bodas- no ha sido la única existente.

De hecho, en el genocidio de 1994 murieron por razones políticas tanto tutsi como hutus moderados, que eran simples opositores del poder.

Más de un millón y medio de ruandeses matando y arrasando todo, sosteniendo el genocidio. La orden es matar, matar…130.000 genocidas organizando la cacería diaria.

"Francia da asesoramiento militar al ejército tutsi de Burundi, el cual realiza la matanza de 350.000 hutus en 1972.
En los años 90 apoya
al ejército hutu de Rwanda y el desarrollo de los grupos paramilitares"

"Mi nombre es Yvette de 7 años,
asesinada por machetes, rodearon mi
escuela, no pude escapar…
300.000 niños y niñas masacradas, donde
están los Derechos de la Infancia?, ah
cierto es para los niños blancos"

"Año 1994, comienzan los fuertes combates entre el Ejército de Ruanda, dirigido por la mayoritaria etnia hutu que es apoyado por el gobierno de Francia y la guerrilla de Paul Kagame, financiada y entrenada por Washington, a nadie le importa los derechos humanos del pueblo ruandés y menos su vida , solo importa aplicar la agenda de muerte del business"

"El objetivo de Washington era convertir Ruanda, en su brazo extendido en el corazón de África, su hombre fuerte para ese proyecto, El Carnicero de los Grandes Lagos, Paul Kagame y otros oficiales tutsis del FPR han sido entrenados militarmente por las fuerzas de inteligencia de la CIA y el pentágono en Fort Bragg y en Fort Leavenwoth (Kansas) en 1993 en compañía de oficiales ugandeses, todo está dicho la puesta en escena, El Genocidio contra la humanidad de la nación africana"

.

V

1990 OCTUBRE

En octubre de 1990 ruandeses exiliados opositores al régimen del presidente hutu, Juvenal Habyarimana, organizados en el Frente Patriótico Ruandés (FPR)-Tutsi invadieron Ruanda, con el apoyo de Uganda bajo la coordinación de Washington, e iniciaron una guerra civil llena de matanzas para derrocar al régimen ruandés.

Pero desde 1991 el régimen de Habyarimana incrementó la represión a la población, en una guerra de baja intensidad para acabar con la rebelión, utilizando al racismo como eje central e instigando y encubriendo las masacres masivas de tutsi y hutus.

Los asesinatos fueron perpetrados por grupos paramilitares, principalmente la interahamwe y la impuzamugbi, grupos originalmente organizados en el sector juvenil de los partidos políticos hutu y continuados por la guerrilla tutsi que masacro a refugiados hutus.

"Grupos paramilitares hutus asesinan masivamente a los tutsis y a los hutus del FPR, pero los tutsis del FPR venían por mas muerte contra la población civil de hutus y tutsis quien esta detrás de toda esta barbarie?

El proyecto genocida se puso en marcha como alternativa a la implantación de un plan internacional de paz promovido por varios países africanos (Acuerdos de Arusha –Republica de Tanzania) y que preveía que hutus y tutsis compartieran el poder político.

Un primer paso en ese proyecto la tomó el gobierno de Habyarimana al introducir nuevamente las tarjetas de identidad étnica para señalar quién era tutsi.

Los paramilitares empezaron a cerrar carreteras y a revisar a cada persona que pasaba. Con las tarjetas belgas pudieron elegir fácilmente a sus víctimas y eliminarlas.

El gobierno creó además listas de personas de la población tutsi que deberían ser asesinadas. En ellas estaban los partidarios de la transición política, los adversarios políticos y aquellos involucrados en el movimiento de los derechos Humanos, entre otros. Incluso fueron condenados a muerte algunos hutu proclives a la reforma.

"La jugada de jaque mate por parte de los intereses imperialistas de Washington, que comience el genocidio por parte de los paramilitares hutus, para luego justificar y lanzar la invasión de la guerrilla tutsi desde Uganda y expulsar a la mayoría hutu hacia la región de Kivu, en el Congo y continuar el genocidio, el genocidio en silencio ante el mundo. La suma de muertes más de un millón entre tutsis y hutus. Silencio total"

"Un genocidio colonialista, bajo el disfraz de la limpieza étnica, pero con las enseñanzas de odio y muerte de las potencias imperialistas"

VI

EL MISIL

El 7 de abril, un misil de origen desconocido, disparado por tutsis del FPR según la historia no oficial para provocar el plan de muerte, destrozó el avión presidencial a su retorno de Arusha, Tanzania. Se inició así el genocidio, del que apenas hay imágenes, y se reanudó la guerra, donde Washington sabia de lo que se venía, era el máximo responsable.

El ejército extremista hutu y sus milicias paramilitares organizaron la venganza: una matanza a machete y masacres sin testigos mediáticos extranjeros, a quienes se les prohibió entrar.

Probablemente nunca se sabrá cuántos muertos provocó el genocidio de 1994, aunque se calculan entre 800 mil y un millón de víctimas.

Si fueron 800 mil equivaldría al 11 por ciento del total de la población ruandesa y a las 4/5 partes de los tutsis que vivían en el país (si se cuentan los tutsis de Burundí y de los países vecinos que se habían exiliado).

"Las víctimas del genocidio reflejan
la barbarie:
El grupo paramilitar hutu me arrestó y usó
un machete para cortarme uno de mis
dedos. También me cortaron la cabeza y la
mano y se fueron.

"Tenía mucha sed, sin agua para beber, bebí la sangre de los muertos, que incluía tanto hutus como tutsis"

"Masacres étnicas sistemáticas contra mujeres, niños, y hombres hutus de Burundi, de Ruanda y en especial en Kivu Norte y en Kivu Sur en el Congo, por parte de las tropas del Frente Patriótico Ruandés (FPR) Made in USA, ese genocidio no se publica"

"Esto lo dice todo: En el 1994 llegaron los grupos paramilitares hutus interahamwe y mataron a unos 1.000 tutsis que se habían refugiado en una iglesia, sin Poco días después, llegaron los tutsis del FPR y asesinan a miles de hutus. Las cadenas de tv de Europa y Estados Unidos proyectaron las imágenes de los cadáveres de hutus asesinados identificándolos como a tutsis. La jugada del jaque mate del gran imperio está en marcha, vender un genocidio ante la opinión pública mundial"

VII

LA INFANCIA, LA PRINCIPAL VICTIMA

Mientras el mundo recuerda un nuevo aniversario del genocidio en Ruanda, los niños y las niñas del país siguen viviendo los efectos devastadores de aquel brutal conflicto.

Cuando el genocidio terminó, de las 800 mil víctimas, 300 mil fueron menores de edad, de los cuales 95 mil quedaron huérfanos, el número más elevado de huérfanos del mundo.

Perdieron a sus padres por diferentes razones: muchos fueron asesinados durante el genocidio, otros han muerto a causa del VIH/Sida utilizado como arma de guerra y otros se encuentran en prisión debido a crímenes relacionados con el genocidio.

Prácticamente todos los niños y las niñas de Ruanda fueron testigos del horror.

Miles de menores de edad fueron víctimas de la brutalidad y la violación y otros más -algunos de sólo siete años- se vieron obligados a participar en operaciones militares y a cometer actos violentos contra su voluntad.

"Mientras estaban en su escondite, su padre fue golpeado con un machete y asesinado con un bebé que sostenía"

Años después, los niños y las niñas de Ruanda siguen sufriendo las consecuencias de un conflicto creado exclusivamente por los adultos.

Hoy, se calcula que alrededor de 101 mil niños y niñas son los jefes de 42 mil hogares.

Muchos niños de las etnias tutsis y hutus cargan las generaciones de violencia, muerte y horror, la violencia evidenció la necesidad de enseñarles a los niños y niñas a resolver sus conflictos de manera pacífica, a ser tolerantes y a promover, ellos mismos, una sociedad donde exista la paz, el respeto por los derechos humanos, la unidad y la reconciliación, ya que los derechos humanos de la infancia no existen para los niños africanos.

"Washington en su política anuncia en la década del 90: África interesa a los intereses estadounidenses, es tan cierto que la primera embajada en irse de Ruanda es la norteamericana, el 7 de abril de 1994, en pleno genocidio, luz verde que comience la muerte en masa y conseguir el objetivo geopolítico de adueñarse de la región"

No fue una tarea fácil, pero era claro que se debía empezar la reconstrucción con la niñez para la construcción de una sociedad y una cultura de paz, sin más guerras.

Esta dolorosa experiencia de la infancia en Ruanda ha dejado una enseñanza para todos los conflictos en el mundo: que no puede haber niños en la guerra porque las consecuencias no son sólo inmediatas, sino de generaciones enteras.

"Las matanzas, los crímenes de lesa
humanidad, diseñados para matar a
poblaciones enteras de hombres, mujeres y
niños, enfermos y ancianos…matar es la
consigna, por cierto las armas son israelíes,
efectivas para el genocidio"

El régimen israelí acusado de vender armas al gobierno de Ruanda que se usaron durante el genocidio.

En 2016, la Corte Suprema de Israel dictaminó que los registros que documentan las ventas de armas de Israel a Ruanda durante el genocidio de 1994 permanecerán sellados y ocultos al público por siempre, claro esta las mismas balas que matan al pueblo palestino.

"El genocidio avanzo aldea por aldea, se quemaron casas, y se asesinaba sus lugareños.
Lo mejor de la colonización criminal europea sobre África, sus enseñanzas plasmadas"

VIII

EL PAPEL DE LOS MEDIOS DE COMUNICACION

A través de la estación de radio privada "Des Mille Collines" se difundía impunemente la propaganda racista y genocida en contra de los tutsi, lo que evidenció el papel de la radio en Ruanda y de la comunicación en general en todo el país.

"La violación utilizada como arma sistemática de exterminio fue parte esencial del genocidio, las mujeres tutsis eran los objetivos principales, las mujeres hutus también fueron violadas y luego asesinadas a machetazos. La receta de la barbarie colonialista europea en tierras africanas parece resurgir desde el fondo de la triste historia de la opresión sobre el continente. La cifra del crimen contra la humanidad lo dice todo: 500.000 mujeres fueron violadas durante el genocidio"

Ante el pobre desarrollo de los periódicos y la escasa penetración de la televisión, la radio cumplió un rol protagónico.

En su programación diaria, esta estación radial alentaba a los hutu a asegurarse de que los niños tutsi también fueran asesinados y a llenar las tumbas cavadas para enterrar a los tutsi.

El general canadiense Roméo Dallaire de la Misión de Asistencia de Naciones Unidas para Ruanda (UNAMIR) envía en forma urgente un comunicado fax el 11 de enero de 1994 a la sede de Naciones Unidas pidiendo ayuda por la formación de grupos paramilitares en Ruanda señalando que tienen capacidad para asesinar a mil tutsis en veinte minutos. Informa la llegada de armas financiadas por Francia y cientos de contenedores con machetes provenientes de China.

El fax de vuelta desde la ONU Nueva York firmado por el jefe de la misión de paz en Ruanda, Kofi Annan dice que se rechaza la operación contemplada porque excede el mandato confiado a la UNAMIR: a cooperar con los oficiales franceses y belgas para facilitar la evacuación de sus nacionales y otros extranjeros que soliciten ser evacuados. Usted puede comunicarse con los oficiales para alcanzar este propósito. Deberá hacer todo el esfuerzo posible para no comprometer su imparcialidad o actuar más allá de su mandato, pero puede valerse de su competencia si es esencial para la evacuación de los extranjeros. Esto no debe llevarle a participar en un posible combate, excepto en legítima defensa, firma la ONU.

Estados Unidos y Londres dicen No al envió de tropas ONU y le recuerdan que la fuerza de la ONU, aparte de muy poca con 400 cascos azules no puede usar la fuerza.
Después esta termina siendo de apenas 250 hombres. Todos coautores del genocidio.

"Su familia regresó a casa y descubrió que todo su ganado y otras propiedades habían sido robados. Un par de días después comenzaba el genocidio, los dueños de restaurantes se negaron a venderle comida a los Tutsis, refiriéndose a ellos como serpientes venenosas"

"La radio también inició una campaña en contra del FPR auspiciado y entrenado por USA y de todos los partidos de oposición con consignas que se repetían, como "¿Ya has matado a un tutsi?" pero también contra los hutus"

"La Francia blanca, europea, la consagrada a los derechos del hombre, es la Francia de la muerte, del genocidio, la responsable de la tragedia contra la condición humana de la nación africana. Francia responsable del Genocidio"

"Washington, Londres, Bruselas, Paris y la ONU, entre otros actores y aliados como Uganda, son responsables del genocidio sistemático de Ruanda contra tutsis y hutus, contra la vida de niños africanos, de familias enteras que no cotizan en sus bolsas de acciones de muerte y dolor contra la dignidad humana"

"Quemaban a las familias dentro de sus casas. No les dejaban salir y al que se escapaba, lo mataban a machetazos"

El Tribunal Penal Internacional para Ruanda constituido en 1995 en Arusha ha dictado algunos fallos históricos. Por ejemplo, en diciembre de 2003 el Tribunal declaró culpables de genocidio a tres directores de medios de información de Ruanda por su papel en la incitación a la matanza. No sólo habían avivado el odio étnico sino, además, habían señalado las víctimas que habían de ser eliminadas.

El Tribunal afirmó: "El poder de los medios de información para crear y destruir los valores humanos conlleva una gran responsabilidad.

Las personas que controlan los medios informativos son responsables de las consecuencias de los actos de estos".

"Las empresas y el lobby financiero del imperio estadounidense van por el subsuelo del Congo y la región de los Grandes Lagos que contiene yacimientos de cobre, cobalto, zinc, plata, diamantes, uranio, coltán el oro gris pero sobre todo concentraciones de oro donde una hay regiones que tienen reservas estimadas en 3.000 toneladas de oro, con un valor de 25.000 millones de dólares, en su máxima pureza y cantidad"

ANEXOS I

¡AMARÁS A TU PRÓJIMO COMO A TI MISMO!

Durante el genocidio ruandés Athanase Seromba fue un sacerdote católico en la parroquia de Nyange, en la prefectura de Kibuye, acusado y condenado   de ayudar e instigar al genocidio contra los refugiados tutsis que habían buscado refugio dentro de la parroquia de Nyange para escapar de los ataques cometidos contra los tutsis. Seromba había alentado al conductor de bulldozer FE32 a destruir la iglesia Nyange.

La destrucción de la iglesia provocó la muerte de al menos 1.500 a 2.000 refugiados que buscaron refugio allí para huir de los ataques de los paramilitares.

Donde los heridos fueron ultimados por las fuerzas del ejército genocida bajo la bendición del sacerdote.

Al finalizar el genocidio, huye de Ruanda, rumbo a Florencia, Italia, gracias a la red sacerdotal católica, que le cambia la identidad personal, hasta su captura y condena a cadena perpetua, por criminal contra la humanidad.

"El responsable de tanta hambre en los países del tercer mundo, el responsable de la muerte económica de las naciones, el FMI Fondo Monetario Internacional bajo el Programa de Ajuste Estructural para Ruanda, financio el genocidio donde se gastaron 140 millones de dólares en la compra de machetes Made in China.

La cifra del ejercito de la muerte: 1 de cada tres hombres hutus esta armado para el genocidio"

ANEXOS II

EL CRIMINAL COLONIZADOR EUROPEO, MADE IN BELGICA

El blanco europeo belga ocupa Ruanda y Burundi durante la Primera Guerra Mundial, desde 1926 comenzó una política de gobierno colonial más directo, mas criminal.

Los belgas modernizaron la forma de colonización criminal a través del desarrollo de la economía ruandesa, profundizando la brecha entre la minoría supremacía tutsi contra la gran mayoría hutu marginada.

En 1935, Bélgica introdujo tarjetas de identidad que etiquetaban a cada individuo como Tutsi, Hutu, Twa o Naturalizado.

Si bien antes era posible que los hutu particularmente ricos se convirtieran en tutsi honorarios, las tarjetas de identidad impedían cualquier movimiento entre los grupos.

Bélgica el mentor del genocidio para muchos africanos.

"La obligaron a beberse la sangre de su madre y a comerse sus órganos sexuales antes de que la mataran, era un método de exterminio de los paramilitares hutus"

ANEXOS III

Los Diez Mandamientos del genocidio

1. Cada hutu debe saber que una mujer tutsi, quienquiera que sea, trabaja por el interés de su grupo étnico tutsi. Como resultado, consideraremos un traidor a cualquier hutu que se casa con una mujer tutsi
Emplea a una mujer tutsi como concubina.
emplea a una mujer tutsi como secretaria o la toma bajo protección.

2. Cada Hutu debe saber que nuestras hijas Hutu son más adecuadas y conscientes en su papel de mujer, esposa y madre de la familia. ¿No son hermosas, buenas secretarias y más honestas?

3. Hutu mujeres, estén atentas e intenten hacer que sus esposos, hermanos e hijos vuelvan a la razón.

4. Cada hutu debe saber que cada tutsi es deshonesto en los negocios. Su único objetivo es la supremacía de su grupo étnico. Como resultado, cualquier hutu que haga lo siguiente es un traidor:

Se asocia con Tutsi en los negocios.
invierte su dinero o el dinero del gobierno en una empresa tutsi
presta o pide dinero prestado a un tutsi otorga favores a los tutsi en los negocios (obtención de licencias de importación, préstamos bancarios, sitios de construcción, mercados públicos, etc.).

5. Todas las posiciones estratégicas, políticas, administrativas, económicas, militares y de seguridad deben confiarse únicamente a Hutu.

6. El sector educativo (alumnos, alumnos, profesores) debe ser mayoritario hutu.

7. Las Fuerzas Armadas de Ruanda deben ser exclusivamente hutu. La experiencia de la guerra de octubre de 1990 nos ha enseñado una lección. Ningún miembro del ejército se casará con un tutsi.

8. Los hutu deben dejar de tener misericordia con los tutsi.

9. Los hutu, dondequiera que estén, deben tener unidad y solidaridad y deben preocuparse por el destino de sus hermanos hutu.

Los hutu dentro y fuera de Ruanda deben buscar constantemente amigos y aliados para la causa hutu, comenzando con sus hermanos hutu.

Deben contrarrestar constantemente la propaganda tutsi.

Los hutu deben ser firmes y vigilantes contra su enemigo tutsi común.

10. La Revolución Social de 1959 , el Referéndum de 1961 y la Ideología Hutu deben enseñarse a todos los Hutu en todos los niveles. Cada hutu debe difundir esta ideología ampliamente.

Cualquier hutu que persigue a su hermano Hutu por haber leído, difundido y enseñado esta ideología es un traidor.

"13 de julio de 1994 el FPR ingresa a Kigali, termina el genocidio oficial, empieza la otra matanza, toman las aldeas disparan contra la población civil hutu, miles de asesinatos. Sigue el derrotero de cadáveres, tutsis y hutus, todos ruandeses, a quien le importa la carnicería contra la humanidad?

A 25 años del genocidio de Ruanda de 1994, la ONU ha fracasado, como organización de protección de los pueblos, y la humanidad se debate moralmente su destino, ante nuevas matanzas y crímenes sobre las voces inocentes que caen una vez más bajo la sombra de la impunidad del criminal y el silencio cómplice de las potencias hegemónicas, cuyo interés es el robo de los recursos naturales de las naciones a costa de un genocidio, esta vez el de Ruanda.

"Mejor que los niños refugiados hutus murieran de hambre, o fueran eliminados por el FPR, así no son futuros genocidas. Ese era el pensamiento de la solución colonialista del primer mundo blanco para Ruanda, esto lo dijo un alto funcionario de la potencia violadora de los derechos humanos" Si, la misma que financio el museo del genocidio después.

El doble rasero de la muerte del imperialismo y sus aliados blancos europeos, a su salud Ruanda!

"Llevamos más de 7 millones de víctimas desde los años 90 por las guerras en la zona de los Grandes Lagos africanos, crímenes de los señores de la guerra y sus ejércitos, empresas, mercenarios, transnacionales, con único fin el robo y explotación de los recursos naturales, mientras más de 4 millones de africanos necesitan ayuda humanitaria, la que nunca llega, ante la indiferencia de la comunidad internacional de la hegemonía de la guerra, la misma que aplica la agenda de muerte y destrucción en el oriente medio"

"Cada vez que la agenda de muerte de occidente se asoma en África, en Oriente Medio, es para fabricar muerte, destrucción, mercenarios y victimas, en nombre de los derechos humanos de la muerte"

ABU FAISAL SERGIO TAPIA

Primera Edición,
Copyright ©2019
*fr.*Ecrivain Politique Ediciones
Registro Safe Creative 1904230727838

Impreso en Buenos Aires
Argentina

www.ingramcontent.com/pod-product-compliance
Lightning Source LLC
Chambersburg PA
CBHW021244280526
45784CB00005B/2234